FREI PATRÍCIO SCIADINI, OCD

Santa Teresinha:
a Rosa Desfolhada

Dados Internacionais de Catalogação na Publicação (CIP)
(Câmara Brasileira do Livro, SP, Brasil)

```
Sciadini, Patrício
   Santa Teresinha : a rosa desfolhada / Patrício
Sciadini. -- 1. ed. -- São Paulo : Angelus Editora :
Edições Loyola, 2022.

   ISBN 978-65-89083-27-6
   ISBN 978-65-5504-217-7

   1. Teresa do Menino Jesus, Santa, 1873-1897
2. Vida espiritual - Igreja Católica I. Título.

22-128409                                      CDD-248.4
```

Índices para catálogo sistemático:

1. Santas : Igreja Católica : Vida espiritual :
   Cristianismo   248.4

Aline Graziele Benitez - Bibliotecária - CRB-1/3129

2a. Edição

Santa Teresinha:
a Rosa Desfolhada

Copyright © Angelus Editora - 2022
Edições Loyola - 2022

Direção Editorial:
Maristela Ciarrocchi

Preparação e Revisão:
Cleiton Robsonn

Imagens:
Pinterest

Capa, Projeto Gráfico e Diagramação:
Tiago A. Martins

ISBN:978-65-89083-27-6
ISBN:978-65-5504-217-7

Santa Teresinha do Menino Jesus e da Santa Face
Carmelita Descalça
Doctor Caritatis – Doutora do Amor

SUMÁRIO

Introdução	10
Uma rosa desfolhada	17
1. Flores do Jardim de Deus	22
2. Jardineiro Divino	24
3. O amor de Jesus é pouco conhecido	26
4. Pegar Jesus pelo Coração	28
5. Sou pequena demais	30
6. Mais Espinhos que Rosas	31
7. Tenho só Hoje	33
8. Justiça e Misericórdia	39
9. Pequeno Caminho	41
10. A oração é…	44

11. Viver de Amor — 46

12. No Céu não ficarei sem fazer nada — 49

13. Jogar Flores — 50

14. Amo o Mandamento do Amor — 54

15. Oh, Pão Vivo — 55

16. Amar minha Pequenez — 58

17. Gratidão à Nossa Senhora do Carmo — 60

18. Nada pode separar-nos do Amor — 61

19. Amar a Jesus loucamente — 63

20. Não podemos ser Santos pela metade — 64

21. O Perfume das Rosas de Amor — 66

22. O Amor pode Tudo — 67

23. Deus Escondido — 69

24. Oração a Jesus no Tabernáculo — 71

25. Quero amar a Deus e fazê-lo amar 73

26. Enxugar as lágrimas de Jesus 79

27. Escolherei o último lugar 81

28. Deus não precisa de obras, mas de amor 83

29. A Perfeição é fácil 84

30. Conversão 86

31. Ser um ato de amor 90

32. Ser uma rosa desfolhada 91

33. Trabalhar por amor 93

34. As chagas do amor se curam com Amor 95

35. O nosso coração é só de Jesus 97

36. Criança nos braços do pai 98

37. Só temos uma coisa a fazer: amar! 99

38. A ciência do Amor 100

39. Dai-me a Humildade — 102

40. Maria nos cobre com seu manto — 105

41. O coração é o sacrário de Jesus — 107

42. A vida passa rápido — 109

43. A bússola do amor — 110

44. Vítima de Holocausto ao Amor Misericordioso — 112

45. Outras Vocações — 114

46. Minha vocação é o amor — 116

47. Deus é mendigo do nosso amor — 118

48. Jesus Escondido — 120

49. As armas da consagração — 123

50. Sou Imperfeita — 129

51. Evangelho: meu alimento — 130

52. O caráter de Jesus — 131

53. Jesus, Palavra de Deus — 132

54. Correr para o último lugar — 133

55. Meu Perfume	134
56. Infância feliz	136
57. Pais dignos do Céu	138
58. Rezar pelos Sacerdotes	139
59. Passar o Céu na terra	141
60. Pincel de Jesus	143
61. Sua Misericórdia fez tudo	145
62. Escada da Santidade	146
Novena à Santa Teresinha	148
Conclusão	150
Bibliografia	155

Introdução

A poesia *Uma rosa desfolhada* tem uma história que toca profundamente o coração. As monjas sempre, mesmo sem a tecnologia de hoje, se comunicaram entre si com uma capacidade incrível, através de cartas, e quando uma monja morre, até hoje, imediatamente se prepara um resumo de sua vida e se envia a todos os Carmelos, pelo menos os da sua região.

Assim fizeram, por exemplo, com *História de uma Alma*, que constituiu a profunda intuição da Madre Inês, a respeito de sua Irmã Teresa do Menino Jesus e da Santa Face, mas também as monjas comunicam as notícias diárias e os pensamentos sobre uma ou outra Irmã.

Nos Carmelos da França tinha-se espalhado a voz de que Irmã Teresa, do Carmelo de Lisieux era uma ótima poetisa. A Priora do Carmelo de Paris, Madre Maria Henriqueta, desafiou a poetisa, pedindo-lhe uma poesia.

Teresinha, com ânimo heróico, porque já fragilizada em sua saúde, no dia 10 de maio de 1897, compôs essa poesia. Madre Maria Henriqueta, ficou parcialmente feliz, porque respondeu que faltava uma última estrofe para concluir, e Teresinha respondeu, segundo as Irmãs: "A boa Madre poderá compor, ela mesma, essa estrofe tal como a imagina".

Teresa, lentamente, vai se sentindo cada vez mais impotente. Não irá mais ao coro nem à celebração da Eucaristia e não participará dos atos comuns. A enfermaria será o seu eremitério, a sua capela, o seu altar, onde, como uma rosa desfolhada, por amor, se oferece a Deus.

Cansada, doente, mas com os olhos de águia fixos no Sol Divino, compôs uma poesia, que ela mesma chamou de Uma rosa desfolhada. Nesta poesia Teresinha vai pensando como as pétalas de rosas, que, lançadas ao chão, servem para os pés não se machucarem. São sinais de festa.

Eu me recordo que uma vez me encontrava numa neblina espiritual... não era noite, mas neblina. Fui rezar e, na oração, os meus olhos se fixaram sobre os vasos de flores do altar. Vi como eram bem colocadas e, ao mesmo tempo, os olhos caíram sobre o tapete, que era onde estavam também algumas pétalas de rosas. As pessoas passavam, pisavam, sem dar atenção alguma. Mas também elas faziam parte da festa.

Assim acontece com as rosas desfolhadas da nossa vida: por onde passamos, deixamos cair algumas pétalas, quer sejam de amor, de perfume silencioso, repousante, que não agridem.

Estamos cansados das grandes coisas, das palavras vazias, dos discursos e até mesmo da tecnologia, que quer tornar a nossa vida mais fácil, quando, na verdade, aos poucos, nos torna robôs, máquinas, e perdemos a alegria de erguer os olhos ao céu, para admirar a beleza das estrelas.

Perdemos o sentido poético da vida, das pequenas coisas, defendemos as borboletas, mas não sabemos mais admirar a arte de Deus, que fez o primeiro projeto de todo universo e o entregou a nós, para que pudéssemos conservá- lo.

O que é uma pétala de rosa? O que pode significar para nós? Nada. Mas, se for dada por amor, tem um valor maior que muitas pedras preciosas dadas sem amor. As pessoas não pedem coisas grandes, mas pedem amor, e quando se ama, somos sempre capazes de despojar-nos de tudo para fazer os outros felizes.

Este pequeno livro com frases, orações, trechos dos escritos de Santa Teresinha, quer ser um amigo no nosso caminho. Teresinha tem uma sensibilidade particular. Ela possui algo, como que a chave para entrar no santuário da nossa alma, e fazer cair nela gotas de bálsamo perfumado, que cura as feridas e alivia as dores das alfinetadas da vida.

Por onde você passar, deixe cair, com delicadeza, sem chamar a atenção, uma pétala de rosa de amizade, de sorriso, de misericórdia, e verá como o mundo não será mais o mesmo.

Nunca me esqueço de uma vez, quando estava na Basílica de Santa Teresinha, aqui no Egito, e uma menina bonita como uma rosa, me pediu uma bênção; eu tinha apenas uma rosa... e dei para ela. A menina destacou uma pétala e a deu para mim... Aquela pétala me fez feliz. Guardei-a na Bíblia, e ainda deve estar lá. Em qualquer página ela está perfumando a palavra de Deus.

Juntos, por onde formos, desfolhemos a rosa do Evangelho!

Cairo, Egito
Basílica de Santa Teresinha do Menino Jesus e da Santa Face

Festa de Santa Teresinha, 1 de outubro de 2022.

UMA ROSA DESFOLHADA

(Poesia 51)

1. Jesus, quando te vejo, sustentado por tua Mãe,

Deixar seus braços

E ensaiar, vacilante, sobre nossa triste terra,

Teus primeiros passos,

Diante de ti, eu quisera desfolhar uma rosa

Em teu frescor,

Para que teu pezinho pousasse docemente

Sobre uma flor!...

2. Esta rosa desfolhada, é a fiel imagem,

Divino Infante,

Do coração que quer, por ti, se imolar sem reservas,

A cada instante.

Senhor, sobre os teus altares, mais de uma fresca rosa

Gosta de brilhar.

Ela se doa a ti... Mas, sonho outra coisa:

'Desfolhar-me...'

3. A rosa, com seu brilho, pode embelezar tua festa,

Menino amável.

Mas, a rosa desfolhada, é simplesmente lançada

Do vento ao léu.

Uma rosa desfolhada, sem estima, se dá

Para não mais existir.

Como ela, com alegria, a ti me abandono,

Pequeno Jesus.

4. Caminha-se sem se lamentar, sobre as pétalas de rosa.

E estes restos

São um simples ornamento, disposto sem arte —

Assim compreendi.

Jesus, por teu amor, despendi minha vida,

Meu futuro.

Aos olhos dos mortais, rosa para sempre murcha,

Devo morrer!...

5. Por ti, devo morrer, Menino, Suprema Beleza!

Que ditosa sorte!

Quero, desfolhando-me, provar-te que te amo,

Oh, meu Tesouro!

Sob teus passinhos de criança, quero, em segredo,

Viver na terra.

E quisera ainda suavizar, no Calvário,

Os teus últimos passos!..."

1
Flores do Jardim de Deus

Jesus aceitou instruir-me a respeito desse mistério, pôs diante dos meus olhos o livro da natureza e compreendi que todas as flores que Ele criou são belas, que o brilho da rosa e a alvura do lírio não impedem o perfume da pequena violeta, ou a simplicidade encantadora da margarida... Compreendi que, se todas as florzinhas quisessem ser rosas, a natureza perderia seu adorno primaveril, os campos não seriam mais salpicados de florzinhas.

Acontece o mesmo no mundo das almas, que é o jardim de Jesus. Ele quis criar os grandes santos que podem ser comparados aos lírios e às rosas, e criou também santos menores, e estes devem contentar-se em ser margaridas ou violetas destinadas a alegrar os olhares do Bom Deus, quando ele os abaixa para seus pés. A perfeição consiste em fazer a sua vontade, em sermos o que Ele quer que sejamos.

(Manuscrito "A", 5)

2
JARDINEIRO DIVINO

Sei que o Bom Deus não tem necessidade de ninguém para fazer sua obra, assim como ele permite a um hábil jardineiro cultivar plantas raras e delicadas e, para isso, lhe dá a ciência necessária, reservando para si o cuidado de fecundá-las, assim Jesus quer ser ajudado na divina cultura das almas.

Que aconteceria se um jardineiro inábil não enxertasse bem seus arbustos? Se não soubesse reconhecer a natureza de cada um e quisesse fazer desabrochar rosas em um pessegueiro? Faria morrer a árvore que, no entanto, era boa e capaz de produzir frutos.

Desta forma é que é preciso saber reconhecer desde a infância o que Deus pede às almas e secundar a ação de sua graça, sem jamais a antecipar nem a retardar.

Assim como os passarinhos aprendem a cantar ouvindo seus pais, assim as crianças aprendem a ciência das virtudes, o canto sublime do Amor divino, junto das almas encarregadas de formá-las para a vida.

(Manuscrito "A", 149)

3
O Amor de Jesus é pouco Conhecido

É nos Céus que deveis viver por antecipação, pois está escrito: "Onde está o vosso tesouro, aí está também o vosso coração". Não é Jesus o vosso Único Tesouro? Dado que ele está no Céu, é lá que deve habitar o vosso coração.

Como são poucos conhecidos a Bondade, o Amor Misericordioso de Jesus... É verdade que, para gozar destes tesouros, é preciso humilhar-se, reconhecer seu próprio nada, e eis aí o que muitas almas não querem fazer. Mas, irmãozinho, não é assim que agis! E, por isso, o caminho da confiança simples e amorosa é bem feito por vós!

(Carta 261)

4
Pegar Jesus pelo Coração

Asseguro-te que o Bom Deus é muito melhor do que imaginas. Contenta-se com um olhar, com um suspiro de amor... Quanto a mim, acho a perfeição bem fácil de praticar, porque compreendi que não há nada a fazer senão pegar Jesus pelo Coração... Vê uma criancinha que acaba de aborrecer sua mãe, zangando-se ou desobedecendo-lhe. Esconde-se num canto com um ar amuado e grita com medo de ser punida. Sua mãe, certamente, não lhe perdoará a falta. Mas, se lhe estende seus bracinhos, sorrindo e dizendo: "Dá um abraço. Não farei de novo", poderá sua mãe deixar de apertá-

la ternamente contra o peito e esquecer suas traquinagens? No entanto, ela sabe muito bem que seu queridinho fará tudo de novo na próxima ocasião. Mas, isso não tem importância; se novamente ganhá-la pelo coração jamais será punido.

No tempo da lei do temor, antes da vinda de Nosso Senhor, o profeta Isaías já dizia, falando em nome do Rei dos Céus: "Pode uma mãe esquecer-se de seu filho? Pois bem! Mesmo que uma mãe esquecesse seu filho, eu jamais vos esquecerei". Que promessa maravilhosa! Ah! Como não aproveitarmos, nós que vivemos sob a lei do amor, dos amorosos apelos que nos faz o nosso Esposo? Como temer aquele que se deixa prender por um fio de cabelo que esvoaça sobre nosso pescoço?

(Carta 191)

5

Sou Pequena Demais

Oh, minha Madre! Sou agora pequena demais para ter vaidade; sou também muito pequena para compor belas frases a fim de vos fazer crer que tenho muita humildade. Prefiro simplesmente confessor que o Todo-poderoso fez grandes coisas na alma da filha de sua divina Mãe, e a maior delas é a de lhe ter mostrado sua pequenez, sua impotência.

(Manuscrito "C", 4v)

6
Mais Espinhos que Rosas

Quanto às ilusões, o Bom Deus concedeu-me a graça de não ter NENHUMA ao entrar para o Carmelo. Achei a vida religiosa tal qual a imaginara, nenhum sacrifício me surpreendeu, e, no entanto, sabeis minha Mãe, que meus primeiros passos encontraram mais espinhos do que rosas!... Sim, o sofrimento estendeu-me os braços e lancei-me neles com amor... No exame que precedeu minha Profissão, declarei, aos pés de Jesus-Hóstia, o que vinha fazer no Carmelo: "Vim para salvar as almas e, sobretudo, para rezar pelos sacerdotes". Quando se quer atingir um fim, é preciso aplicar os meios. Jesus fez-me compreender que era pela cruz que ele queria me dar almas, e meu atrativo pelo sofrimento crescia à medida que este aumentava. Durante cinco anos esta via foi a minha. Contudo, exteriormente, nada manifestava meu sofrimento, tanto mais doloroso quanto eu era a única a conhecê-lo. Ah! Que surpresa teremos no fim do mundo lendo a história de almas!... Quantas pessoas irão se admirar vendo a via pela qual a minha foi conduzida!

(Manuscrito "A", 195)

Tenho só Hoje

1. *Minha vida é só um instante, uma hora passageira.*

   Minha vida é só um dia que me escapa e me foge.

   Tu sabes, oh, meu Deus: para amar-te nesta terra,

   Tenho o dia de hoje tão somente!

2. *Oh! Eu te amo, Jesus! Por ti, suspire minha alma.*

   Só por um dia, sê meu doce apoio.

   Vem reinar em meu coração, dá-me teu sorriso,

   Pelo dia de hoje tão somente!

3. *Que me importa, Senhor, se o futuro é sombrio?*

    Rezar por amanhã, oh, eu não o posso!

    Conserva puro meu coração, cobre-me com tua sombra,

        No dia de hoje tão somente!

4. *Se penso no amanhã, temo minha inconstância;*

    Sinto nascer em meu coração a tristeza e o enfado.

    Mas, aceito, meu Deus, a prova, o sofrimento,

        Pelo dia de hoje tão somente!

5. *Hei de te ver, em breve, nas paragens eternas,*

    Oh, divino Timoneiro, cuja mão me conduz!

    Em meio ao escarcéu, guia em paz minha barquinha,

        Pelo dia de hoje tão somente!

6. *Ah! Deixa, Senhor, que me esconda em tua Face.*

   Aí, não mais ouvirei do mundo o vão ruído.

   Dá-me teu amor, conserva-me a tua graça,

   Pelo dia de hoje tão somente!

7. *Junto do teu divino Coração, esqueço tudo o que passa;*

   Já não temo as ameaças da noite.

   Ah! Dá-me, Jesus, um lugar neste Coração,

   Pelo dia de hoje tão somente!

8. *Pão Vivo, Pão do Céu, divina Eucaristia!*

   Oh, Sagrado Mistério que o Amor produziu!

   Vem habitar em meu coração, Jesus, minha branca Hóstia,

   No dia de hoje tão somente!

9. *Digna-te unir-me a ti, Vinha santa e sagrada*

   E meu frágil ramo dar-te-á seu fruto.

   E poderei te oferecer um cacho dourado,

       Já hoje, no momento presente!

10. Este cacho de amor, cujos bagos são as almas,

    Para formá-lo, tenho apenas este dia que passa.

    Ah! Dá-me, Jesus, o ardor de um Apóstolo,

        Pelo dia de hoje tão somente!

11. Oh, Virgem Imaculada! És tu a minha doce Estrela

    Que Jesus me dá e me unes a ele.

    Oh, Mãe! Deixa-me repousar sob teu véu,

        Pelo dia de hoje tão somente!

12. *Meu Santo Anjo da Guarda, cobre-me com tua asa;*

    Ilumina com tuas chamas o caminho que sigo.

    Vem dirigir meus passos... Ajuda-me. Eu te chamo

    Pelo dia de hoje tão somente!

13. *Senhor, sem véu, sem nuvens, eu quero te ver,*

    Mas, ainda exilada, longe de ti, desfaleço.

    Tua adorável Face não me fique escondida

    Senão pelo dia de hoje tão somente!

14. *Voarei em breve para entoar teus louvores.*

    E, ao raiar sobre minha alma o dia sem poente,

Hei, então, de cantar com a lira dos Anjos

O Hoje eterno somente!

(Poesia 5)

8
Justiça e Misericórdia

Sei que é preciso ser muito puro para comparecer diante do Deus de toda Santidade, mas sei também que o Senhor é infinitamente justo e é esta Justiça – que apavora tantas almas – que é a razão de minha alegria e de minha confiança. Ser justo não é apenas exercer a severidade para punir os culpados; é também reconhecer as retas intenções e recompensar a virtude. Espero tanto da Justiça divina quanto de sua Misericórdia. Por ser justo é que ele é "compassivo, cheio de doçura, lento para punir e abundante em misericórdia. Porque conhece nossa fragilidade, lembra de que somos pó. Como um pai tem compaixão de *seus filhos, assim o Senhor tem compaixão de nós".*

(Carta 226)

9
PEQUENO CAMINHO

Como sabeis, sempre desejei ser santa. Mas, ai! Comparando-me com os santos, sempre constatei que há entre eles e eu a mesma diferença que existe entre uma montanha cujo cimo se perde nos Céus e o grão de areia obscuro, calcado aos pés dos caminhantes. Ao invés de me desanimar, disse a mim mesma: O Bom Deus não poderia me inspirar desejos irrealizáveis; posso, então, apesar de minha pequenez, aspirar à santidade. Crescer me é impossível; devo suportar-me tal qual sou, com todas as minhas imperfeições, mas quero, contudo, procurar o meio de ir para o Céu por um caminhozinho bem reto, bem curto, uma pequena via inteiramente nova. Estamos num século de invenções. Agora, não se tem mais o trabalho de subir os degraus de uma escada: na casa dos ricos, um elevador a substitui vantajosamente. Quanto a mim, também desejei encontrar um elevador para subir até Jesus, pois sou muito pequena para subir a rude escada da perfeição. Então, fui procurar nos Livros Sagrados a indicação do elevador, objeto do meu desejo, e li estas palavras pronunciadas pela boca da Sabedoria Eterna: "Se alguém for pequenino, venha a mim". Aproximei-me, pois, adivinhando que tinha descoberto aquilo que procurava. Querendo saber, oh, meu Deus, o que faríeis com o pequenino que correspondesse ao vosso apelo, continuei minhas buscas e eis o que encontrei: "Assim como uma mãe acaricia seu filhinho, assim eu vos consolarei; aconchegar-vos-ei ao meu seio e acariciar-vos-ei sobre meus joelhos!". Ah! Nunca palavras mais doces, mais melodiosas vieram alegrar minha alma! O elevador que deve fazer-me subir até o Céu são os vossos braços, Jesus! Por isso não preciso crescer; devo, pelo contrário, permanecer pequenina e tornar-me cada vez mais diminuta.

(Manuscrito "C", 271)

10
A Oração é...

Para mim, a oração é um impulso do coração, um simples olhar que se lança para o Céu, é um grito de gratidão e de amor, tanto no seio da provação, como no meio da alegria; enfim, é algo de grande, de sobrenatural, que me expande a alma e me une a Jesus.

(Manuscrito "C", 25v)

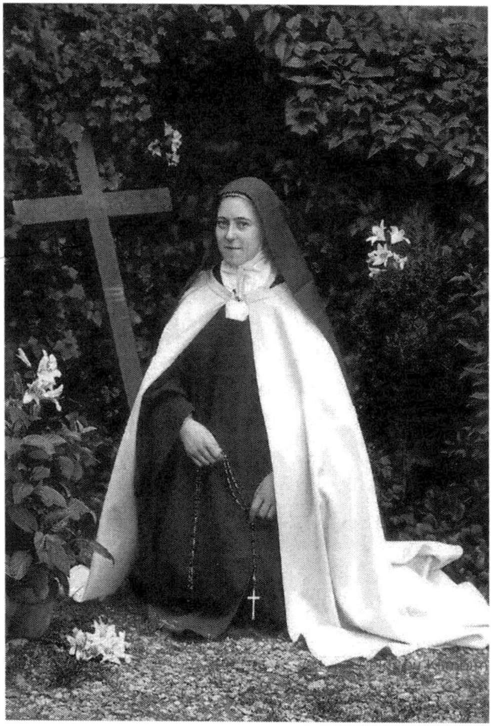

11

VIVER DE AMOR

1. Na tarde do Amor, falando sem parábolas,

   Jesus dizia: "Se alguém quiser me amar,

   Por toda a sua vida, guarde a minha Palavra.

   Meu Pai e eu viremos visitá-lo

   E no seu coração faremos nossa morada.

   A ele vindo, sempre o amaremos!

   Cheio de paz, queremos que ele permaneça

       No nosso Amor!"

3. *Viver de Amor é viver de tua vida,*
   Rei glorioso, deleite dos eleitos.
   Por mim, tu vives Escondido numa hóstia;
   Por ti, oh, Jesus, eu quero me esconder!
   Para os amantes é necessária a solidão,
   Um coração a coração que dure noite e dia.
   Um único olhar teu faz minha beatitude...
        Vivo de Amor!

8. *Viver de Amor é navegar sem cessar,*
   Semeando a paz e a alegria em todos os corações,
   Amado Timoneiro, a Caridade nos impele,

Pois te vejo nas almas, minhas irmãs.

A Caridade: eis minha única estrela;

À sua luz, navego sem me desviar.

Tenho minha divisa escrita sobre minha vela:

"Viver de Amor".

(Poesia 17)

12
NO CÉU NÃO FICAREI SEM FAZER NADA

Não pretendo ficar inativa no Céu. Meu desejo é de ainda trabalhar para a Igreja e as almas. Peço-o ao Bom Deus e tenho certeza de que ele me atenderá. Os Anjos, não estão eles continuamente ocupados conosco sem jamais cessar de contemplar a divina Face, perdendo-se no infinito Oceano do Amor? Por que Jesus não me permitiria imitá-los?

(Carta 254)

13

Jogar Flores

Jesus, não posso alargar meu pedido; temeria ser esmagada sob o peso de meus desejos audaciosos... Minha desculpa é que sou uma criança, e as crianças não refletem sobre o alcance de suas palavras.

(...) O que ela pede é o Amor... Não sabe mais que uma só coisa: amar-te, oh, Jesus... As obras grandiosas lhe são interditas. Ela não pode pregar o evangelho, derramar seu sangue... Mas, que importa? Seus irmãos trabalham em seu lugar, e a criancinha fica bem juntinho ao trono do Rei (Jesus) e da Rainha (Igreja); ama por seus irmãos *que combatem... Mas como haverá ela de testemunhar seu amor, uma vez que o amor se prova pelas obras? Pois bem! A criancinha lançará flores, haverá de embalsamar com seus perfumes o trono real, cantará com sua voz o cântico do Amor...*

Sim, meu Amado, eis como se consumará minha vida... Não tenho outro meio para provar-te meu amor senão jogando flores, isto é, não deixando escapar nenhum sacrificiozinho, nenhum olhar, nenhuma palavra, aproveitando todas as pequenas coisas e fazendo-as por amor... Quero sofrer e até gozar por amor, e assim, estarei a lançar flores diante do teu trono. Não encontrarei uma só sem desfolhá-la para Ti... E depois, jogando minhas flores, hei de cantar (seria possível chorar, quando se faz uma ação tão alegre?). Cantarei, mesmo quando for preciso colher minhas flores em meio aos espinhos. E tanto mais melodioso será meu canto, quanto mais longos e pungentes forem os espinhos.

Jesus, para que te servirão minhas flores e meus cânticos?... Ah, bem o sei... Esta perfumada chuva, estas frágeis pétalas sem nenhum valor, estes cânticos de amor do mais pequenino dos corações haverão de te encantar. Sim, estes nadas te alegrarão, e farão a Igreja Triunfante sorrir. Ela recolherá minhas flores, desfolhadas por amor e, fazendo-as passar por tuas divinas mãos, Jesus, esta Igreja do Céu, querendo brincar com a sua filhinha, lançará, também ela, essas flores que, por teu toque divino, adquiriram um valor infinito. Ela as lançará sobre a Igreja Padecente para lhe extinguir as chamas, ela as jogará sobre a Igreja Militante a fim de lhe alcançar a vitória!

(Manuscrito "B", 257-258)

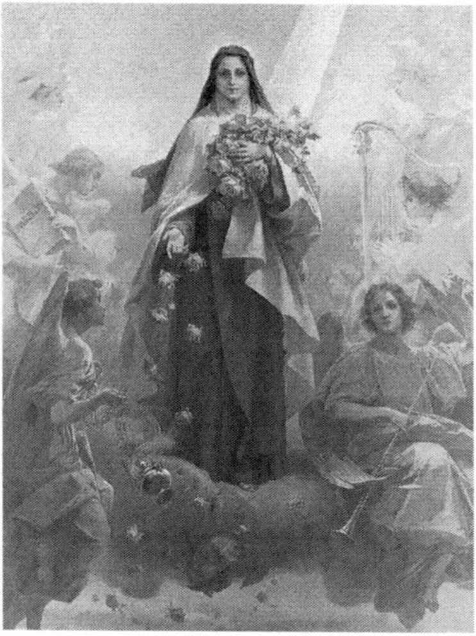

14
Amo o Mandamento do Amor

Ah, Senhor! Sei que não me ordenais nada de impossível. Conheceis melhor do eu minha fraqueza e imperfeição, sabeis que jamais poderei amar minhas Irmãs como as amais, se vós mesmo, meu Jesus, não as amásseis também em mim. Foi porque queríeis conceder-me esta graça, que destes um mandamento novo. Oh! Como eu o amo, pois me dá a certeza de que a vossa vontade é a de amar em mim todos os que me mandais amar!

(Manuscrito "C", 12v)

15

OH, PÃO VIVO

28. *Lembra-te de que, subindo ao Pai,*
    Tu não podias deixar-nos órfãos
    E, fazendo-te prisioneiro na terra,
    Soubeste velar todos os teus raios divinos.
    Mas, a sombra do teu véu é luminosa e pura,
    Pão vivo da fé, celeste comida.
    > *Oh, mistério de amor!*
    > *Meu Pão de cada dia,*
    > *Jesus, és tu!*

29. Jesus, és tu que apesar das blasfêmias
Dos inimigos do Sacramento do Amor,
És tu que queres mostrar quanto me amas,
Já que em meu coração fazes tua morada.
Oh, Pão do exilado! Santa e divina Hóstia!
Não sou eu mais que vivo, mas vivo de tua vida!

> *Teu cibório dourado,*
> *Entre todos preferido,*
> *Jesus, sou eu!*

(Poesia 24)

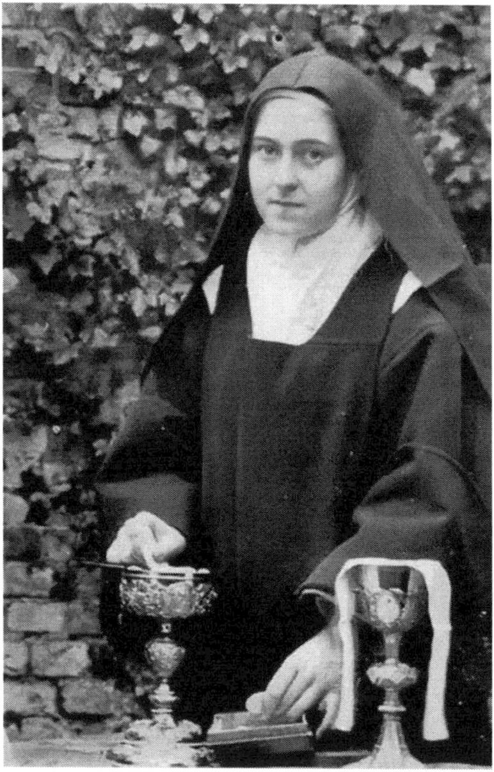

16
AMAR MINHA PEQUENEZ

Lembrai daquelas palavras do Padre: "Os Mártires sofreram com alegria e o Rei dos Mártires sofreu com tristeza". Sim, Jesus disse: "Meu pai, afasta de mim este cálice". Irmã querida, como, depois disso, podeis dizer que meus desejos são a marca do meu amor? Ah! Sinto muito bem que não é isso, de forma alguma, que agrada ao Bom Deus em minha alma. Aquilo que lhe agrada é me ver amar minha pequenez e minha pobreza, é a esperança cega que tenho em sua Misericórdia... Eis aí meu único tesouro.

(Carta 197)

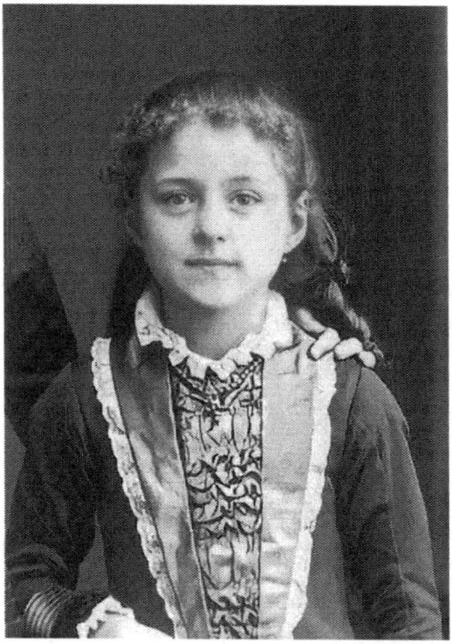

17

GRATIDÃO À NOSSA SENHORA DO CARMO

1. Nos primeiros instantes de minha vida,
   Me tomastes em vossos braços;
   E desde este dia, Mãe querida,
   Me protegeis nesta terra.

3. Se, às vezes, sinto tristeza,
   Se o temor vem me assaltar,
   Sempre, sustentando minha fraqueza,
   Vos dignais, Mãe, me abençoar.

(Poesia 7)

18
NADA PODE SEPARAR-NOS DO AMOR

Amanhã, faz um mês que estou longe de ti, mas parece-me que não estamos separadas. Que importa o lugar onde estamos? Mesmo que o oceano nos separasse, permaneceríamos unidas, pois nossos desejos são os mesmos e nossos corações batem juntos... Tenho certeza de que me compreendes.

Tua Teresinha do Menino Jesus.

(Carta 47)

Santa Teresinha e sua irmã Celina

19
AMAR A JESUS LOUCAMENTE

Eu sou este filho, objeto do Amor preveniente de um Pai que não enviou seu Verbo para resgatar os justos, mas os pecadores. Ele quer que eu o ame porque ele me perdoou, não muito, mas TUDO. Não esperou que o amasse muito como Santa Maria Madalena, mas quis que eu SOUBESSE como me amou, com um Amor de inefável previdência, a fim de que agora eu o ame até à loucura! Ouvi dizer que nunca se encontrou uma alma pura que ame mais do que uma alma arrependida... Ah! Como quisera desmentir esta palavra!

(Manuscrito "A", 120)

20
NÃO PODEMOS SER SANTOS PELA METADE

Às vezes, Jesus se compraz em "revelar seus segredos aos mais pequeninos". A prova é que, depois de ter lido vossa primeira carta de 15 de outubro de 95, pensei a mesma coisa que vosso Diretor. Não podeis ser um santo pela metade. É preciso que o sejais totalmente ou não o series em nada.

(Carta 247)

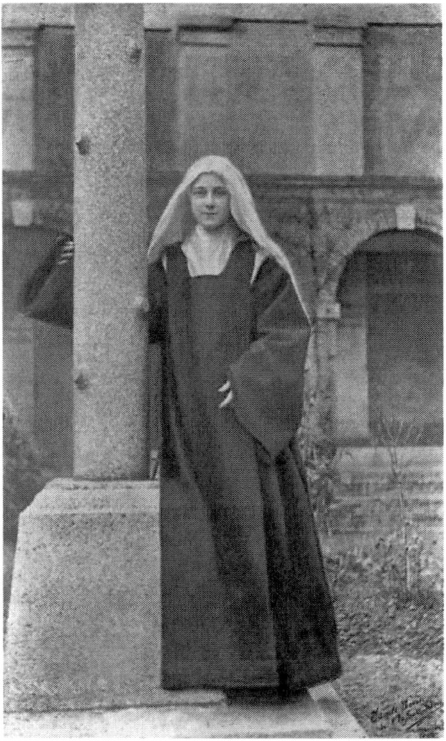

21
O PERFUME DAS ROSAS DE AMOR

Que o Divino Menino Jesus encontre em sua alma uma morada toda perfumada pelas rosas de Amor; que ele encontre, ainda, a lâmpada ardente da caridade fraternal que aquecerá suas mãozinhas geladas e alegrará seu Coraçãozinho, fazendo-lhe esquecer a ingratidão das almas que não o amam bastante.

(Carta 246)

22
O AMOR PODE TUDO

O amor pode tudo, as coisas mais impossíveis não lhe parecem difíceis, Jesus não olha tanto para a grandeza das ações, nem mesmo para a dificuldade delas, como para o amor com que estes atos são feitos.

Há algum tempo encontrei uma palavra que acho muito bonita. Ei-la, creio que vai te agradar: "A resignação é ainda distinta da vontade de Deus; existe, entre elas, a mesma diferença que entre a união e a unidade. Na união, ainda são dois; na unidade é-se apenas um". Oh, sim! Sejamos apenas um com Jesus (...).

(Carta 65)

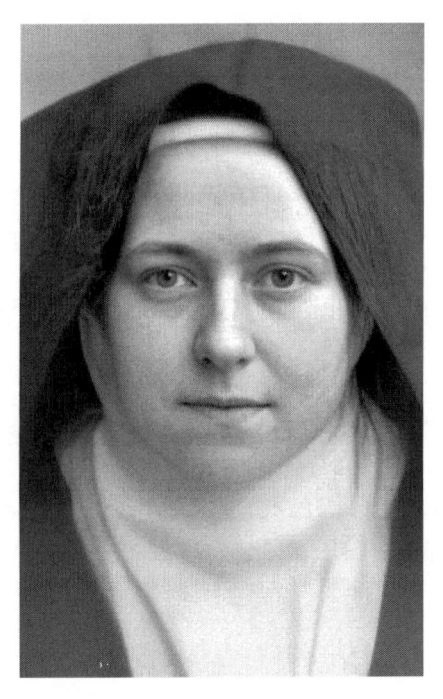

23

DEUS ESCONDIDO

2. *Meu Céu é poder atrair sobre as almas,*

   Sobre a Igreja, minha Mãe, e sobre as minhas Irmãs,

   As graças de Jesus e suas chamas divinas

   Que sabem abrasar e alegrar os corações.

   Posso tudo conseguir quando, no segredo,

   Falo de coração a coração com o divino Rei.

   Esta doce oração junto ao Santuário,

       Eis aí o meu Céu!

3. *Meu Céu está oculto na pequena Hóstia*

   Onde Jesus, meu Esposo, se vela por amor.

   Neste divino Fogo vou haurir a vida

   E, aí, me escuta, dia e noite, o meu doce Salvador.

   "Oh! Que feliz momento, quando, em tua ternura,

   Tu vens, meu Amado, me transformer em ti".

   Esta união de Amor, esta inefável embriaguez,

       Eis aí o meu Céu!

   (Poesia 32)

24
Oração a Jesus no Tabernáculo

Oh, Jesus! Como ficaria feliz se tivesse sido bem fiel, mas... Ai de mim!... Muitas vezes, à noite, sinto-me triste, pois percebo que poderia ter correspondido melhor às vossas graças... Se estivesse mais unida a vós, se fosse mais caridosa com minhas Irmãs, mais humilde e mais mortificada, encontraria menos dificuldade para me entreter convosco na oração. No entanto, oh, meu Deus, bem longe de mim o desanimar à vista de minhas misérias! Venho a vós com confiança, lembrando-me de que 'não são os que têm saúde que precisam de médico, mas os enfermos'. Suplico-vos, então, que me cureis, que me perdoeis. E eu, Senhor, lembrarei que 'a alma à qual mais perdoastes, deve também vos amar mais que as outras'. Ofereço-vos todas as batidas do meu coração como outros tantos atos de amor e reparação, e os uno aos vossos méritos infinitos. Suplico-vos, oh, meu divino Esposo, que sejais vós mesmo o Reparador de minha alma, que exerçais vossa ação em mim sem considerar minhas resistências; enfim, já não quero ter outra vontade senão a vossa. E, amanhã, com o auxílio da vossa graça, recomeçarei uma nova vida em que cada instante será um ato de amor e de renúncia.

(Oração 7)

25

QUERO AMAR A DEUS E FAZÊ-LO AMAR

Oferenda de mim mesma como Vítima de Holocausto ao Amor Misericordioso do Bom Deus

Oh, meu Deus! Bem-aventurada Trindade, desejo amar-vos amem, trabalhar pela glorificação da Santa Igreja, salvando almas que estão na terra, e libertando as que sofrem no Purgatório. Desejo cumprir, perfeitamente, vossa vontade e alcançar o grau de glória que me preparastes em vosso reino. Numa palavra, desejo ser Santa, mas sinto minha impotência, e peço-vos, oh, meu Deus, sede vós mesmo a minha Santidade!

Já que me amastes a ponto de me dardes vosso Filho único para ser meu Salvador e meu Esposo, são meus os infinitos tesouros de seus méritos. Com prazer, eu vo-los ofereço, suplicando-vos não olheis para mim senão através da Face de Jesus e dentro de seu Coração abrasado de Amor.

Ofereço-vos também, todos os merecimentos dos Santos (estão no Céu e na terra), seus atos de amor e aqueles dos Santos Anjos. Ofereço-vos, enfim, oh, Bem-aventurada Trindade, o amor e os méritos da Santíssima Virgem, minha querida Mãe. É a ela que entrego minha oferenda, pedindo-lhe que a apresente a vós. Seu divino Filho, meu Amado Esposo, nos disse nos dias de sua vida mortal: "Tudo quanto pedirdes ao meu Pai em meu nome, ele vo-lo dará!".

Tenho, pois, certeza de que atendereis meus desejos; eu o sei, oh, meu Deus: quanto mais queries dar, tanto mais impelis a desejar. Sinto em meu coração desejos imensos, e é com confiança que vos peço que venhais tomar posse de minha alma. Ah! Não me é dado receber a santa Comunhão tantas vezes, quantas desejo. Mas, Senhor, não sois Todo-Poderoso? Ficai em mim, como no Tabernáculo, não vos afasteis jamais de vossa pequenina hóstia...

Quisera consolar-vos da ingratidão dos perversos e vos suplico que me tireis a liberdade de vos ofender. Se alguma vez cair por fraqueza, vosso divino olhar purifique imediatamente minha alma, consumindo todas as minhas imperfeições, como o fogo transforma em si próprio todas as coisas...

Agradeço-vos, oh, meu Deus, todas as graças que me concedestes, de modo particular a de me terdes feito passar pelo cadinho do sofrimento. É com alegria que vos contemplarei no último dia, a empunhar o cetro da Cruz; e, já que vos dignastes me dar como partilha esta Cruz tão preciosa, espero, no Céu, me assemelhar a vós e ver brilhar em meu corpo glorificado os sagrados estigmas de vossa Paixão...

Depois do exílio na terra, espero ir gozar de vós na Pátria. Mas, não quero ajuntar méritos para o Céu; quero trabalhar só por vosso Amor, com o único intuito de vos agradar, de consolar vosso Sagrado Coração, e de salvar almas que vos amem eternamente.

No entardecer desta vida, comparecerei diante de vós com mãos vazias, pois não vos peço, Senhor, que leveis em conta minhas obras. Todas as vossas justiças têm defeitos aos vossos olhos. Quero, pois, revestir-me de vossa própria Justiça, e receber de vosso Amor a eternal posse de vós mesmo. Não quero outro Trono nem outra Coroa senão vós mesmo, oh, meu Amado!

Para vós, o tempo não é nada. Um único dia é como se fossem mil anos. Podeis, então, preparar-me num instante para comparecer diante de vós...

A fim de viver num ato de perfeito Amor, ofereço-me como vítima de holocausto ao vosso Amor Misericordioso, pedindo-vos que me consumais sem cessar, e façais irromper em minha alma as torrentes de infinita ternura que em vós se encerram, e assim me torne Mártir de vosso Amor, oh, meu Deus!

Que esse martírio, depois de me ter preparado para comparecer diante de vós, me faça enfim morrer, e minha alma se lance sem demora ao eterno abraço de vosso Misericordioso Amor...

Quero, Amado meu, a cada batida do coração, renovar-vos este oferecimento um sem-número de vezes, até que, desfeitas as sombras, possa afiançar-vos meu Amor num eternal Face a face!

*Maria Francisca Teresa do Menino
Jesus e da Santa Face
rel. carm. ind.*

Festa da Santíssima Trindade.
9 de junho do ano da graça de 1895

(Oração 6)

26

Enxugar as lágrimas de Jesus

Se soubésseis como gostaria de ser indiferente às coisas da terra... Que importam todas as belezas criadas? Seria infeliz se as possuísse; meu coração iria se sentir tão vazio! É incrível como ele me parece grande quando penso em todos os tesouros da terra, pois vejo que todos reunidos não o poderiam contentar. Mas, quando penso em Jesus, como ele me parece pequeno! Queria amá-lo tanto... Amá-lo como ele nunca foi amado! Meu único desejo é fazer sempre a vontade de Jesus, enxugar-lhe as lágrimas que lhe fazem derramar os pecadores... Oh! Não

QUERO que Jesus sofra no dia de meus esponsais! Gostaria de converter todos os pecadores da terra e de salvar todas as almas do Purgatório!

(Carta 74)

27
Escolherei o Último Lugar

Amada Irmãzinha, não procuremos nunca aquilo que parece grande aos olhos das criaturas. Salomão, o rei mais sábio que existiu na terra, tendo considerado os diferentes trabalhos em que se ocupam os homens debaixo do Sol, a pintura, a escultura, todas as artes, compreendeu que todas estas coisas estavam sujeitas à inveja. Exclamou que não são senão vaidade e aflição de espírito!

A única coisa que não é absolutamente invejada é o último lugar. Portanto, somente este último lugar não é vaidade, nem aflição de espírito.

Contudo, "o destino do homem não lhe pertence" e, às vezes, surpreendemo-nos a desejar aquilo que brilha. Então, coloquemo-nos, humildemente, entre os imperfeitos; tenhamo-nos como pequenas almas que o Bom Deus tem que sustentar a cada instante. A partir do momento em que ele nos vê bem convencidas do nosso nada, estende-nos a mão. Se ainda quisermos tentar fazer alguma coisa de grande, mesmo sob pretexto de zelo, o bom Jesus nos deixa sozinhas. "Mas, quando eu disse: 'Meu pé vacila', vossa misericórdia, Senhor, me amparou!" – Sl 93. Sim, é suficiente se humilhar, suportar com doçura suas próprias imperfeições. Eis a verdadeira santidade! Demo-nos as mãos, Irmãzinha querida, e corramos para o último lugar... Ninguém virá disputá-lo conosco.

(Carta 243)

28

DEUS NÃO PRECISA DE OBRAS, MAS DE AMOR

Ah! Se todas as almas fracas e imperfeitas sentissem o que sente a mais pequenina de todas, a alma de vossa Teresinha, nenhuma delas desesperaria de chegar ao cume da Montanha do Amor, já que Jesus não pede grandes ações, mas unicamente o abandono e a gratidão (...). Ele não tem necessidade de nossas obras, mas somente de nosso amor.

(Manuscrito "B", 1v)

29
A PERFEIÇÃO É FÁCIL

Eis aí o que penso sobre a Justiça do Bom Deus; minha via é toda de confiança e de amor. Não compreendo as almas que temem um tão terno Amigo. Às vezes, quando leio certos tratados espirituais em que a perfeição é mostrada através de mil dificuldades, cercada de uma multidão de ilusões, meu pobre pequeno espírito cansa-se rapidamente. Fecho o sábio livro que quebra a cabeça e seca o coração e pego a Sagrada Escritura. Então, tudo me parece luminoso, uma única palavra descobre à minha alma horizontes infinitos, a perfeição me parece fácil, vejo que basta reconhecer o próprio nada e abandonar-me como uma criança nos braços do Bom Deus.

(Carta 226)

30
CONVERSÃO

Não sei como acalentava a doce ideia de ingressar no Carmelo, se estava ainda enfaixada nos panos da infância! Foi preciso o Bom Deus fazer um pequeno milagre para eu crescer de repente, e esse milagre se deu no dia inesquecível de Natal, nessa noite luminosa que ilumina as delícias da Santíssima Trindade. Jesus, a doce criancinha de uma hora, transformou a noite da minha alma em torrentes de luz... Nessa noite, quando se fez fraco e sofredor por meu amor, fez-me forte e corajosa, revestiu-me de suas armas e, desde essa noite abençoada, não fui vencida em nenhuma batalha. Pelo contrário, andei de vitórias em vitórias e iniciei, por assim dizer, uma corrida de gigante! (...). Foi no dia 25 de dezembro de 1886 que recebi a graça de sair da infância, em suma, a graça da minha completa conversão. Retornávamos da Missa da meia-noite, em que tinha tido a felicidade de receber o Deus forte e poderoso. Ao chegar aos Buissonnets, alegrava-me por pegar meus sapatos na lareira. Esse antigo costume causara-nos tanta alegria durante a infância que Celina queria continuar a me tratar como um bebê, por ser a caçula da família... Papai gostava de ver minha felicidade, ouvir meus gritos de alegria ao tirar cada surpresa dos sapatos encantados (...). Mas querendo Jesus, mostrar-me que devia me desfazer dos defeitos da infância, tirou de mim também as inocentes alegrias infantis; permitiu que Papai, cansado da Missa da meia-noite, se aborrecesse ao ver meus sapatos na lareira e dissesse essas palavras que me atravessaram o coração: "Enfim, felizmente, este é o último ano!". Eu subia, então, a escada para tirar meu chapéu. Celina, conhecendo minha sensibilidade, e vendo já as lágrimas brilharem em meus olhos ficou também com vontade de chorar, pois amava-me muito e compreendia meu sofrimento: "Oh, Teresa!", disse-me, "não desça, te causará tristeza demais ir ver o que há nos teus sapatos". Mas Teresa, não era mais a mesma, Jesus havia mudado o coração dela! Reprimindo minhas lágrimas, desci rapidamente as escadas, e comprimindo as batidas do meu coração, peguei meus sapatos, e colocando-os diante de Papai, tirei alegremente todos os objetos, tendo o ar feliz como o de uma rainha. Papai ria também, voltara a ficar alegre, e Celina pensava sonhar!... Felizmente era uma doce realidade. A pequena Teresa encontrara a força de alma que perdera aos quatro anos e meio, e ia conservá-la para sempre!

A obra que eu não pude cumprir em dez anos, Jesus a fez contentando-se com minha boa vontade, que nunca me faltara... Senti um grande desejo de trabalhar para a conversão dos pecadores, desejo que nunca sentira de maneira assim tão forte... Em suma, senti a caridade entrar em meu coração, a necessidade de me esquecer, para fazer prazer aos outros, e desde então, fui feliz!

(Manuscrito "A", 133-134)

31
SER UM ATO DE AMOR

Não penseis que é a humildade que me impede de reconhecer os dons de Deus. Sei que fez por mim grandes coisas, e eu as canto todos os dias com alegria. Lembro-me de que aquele a quem mais se perdoou deve amar mais; assim, procure fazer que minha vida seja um ato de amor e não me inquieto mais por ser uma alma pequenina. Pelo contrário! Fico feliz com isso.

(Poesia 32)

32

SER UMA ROSA DESFOLHADA

1. Jesus, quando te vejo, sustentado por tua Mãe,
   Deixar seus braços
   E ensaiar, vacilante, sobre nossa triste terra,
   Teus primeiros passos,
   Diante de ti, eu quisera desfolhar uma rosa
   Em teu frescor,
   Para que teu pezinho pousasse docemente
   Sobre uma flor!...

2. Esta rosa desfolhada, é a fiel imagem,
   Divino Infante,

Do coração que quer, por ti, se imolar sem reservas,
>A cada instante.
Senhor, sobre os teus altares, mais de uma fresca rosa
>Gosta de brilhar.
Ela se doa a ti... Mas, sonho outra coisa:
>'Desfolhar-me...'

(Poesia 51)

33

TRABALHAR POR AMOR

Oh! Como custa dar a Jesus o que ele pede! Que felicidade que isso custe! Que alegria inefável levarmos nossas cruzes COM FRAQUEZA! Que felicidade ser humilhada! É o único caminho que gera os santos. Podemos agora duvidar da vontade de Jesus sobre nossas almas? A vida não é senão um sonho; logo despertaremos, e que alegria... Oh! Não percamos a provação... é uma mina de ouro a explorar. Perderemos a oportunidade? O grão de areia quer pôr mãos à obra, sem alegria, sem coragem, sem força, e são todos esses títulos que lhe hão de facilitar a empresa; ele quer trabalhar por Amor.

(Carta 82)

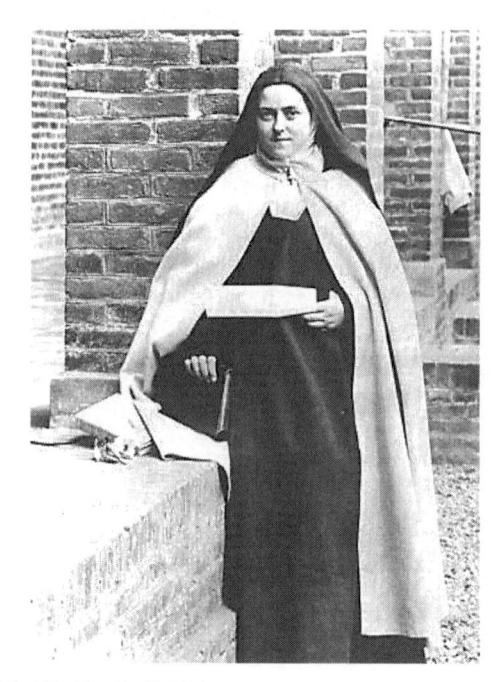

34

AS CHAGAS DO AMOR SE CURAM COM AMOR

Tenho necessidade esta noite de lançar-me, junto de minha Celina, no infinito... Tenho necessidade de esquecer a terra... Aqui, tudo me fatiga, tudo me é pesado...

A vida passa... A eternidade avança a passos largos... Em breve, viveremos da mesma vida de Jesus... Depois de termos sido saciadas na fonte de todas as amarguras, seremos deificadas na própria fonte de todas as alegrias, de todas as delícias...

A figura deste mundo PASSA... Dentro em pouco, veremos novos Céus; um Sol mais radioso iluminará com seus esplendores os mares etéreos, os horizontes infinitos! A imensidão será nosso domínio... Não seremos mais prisioneiras nesta terra de exílio... Tudo será PASSADO! Junto de nosso Esposo celeste, navegaremos sobre lagos sem margens! "Coragem, Jesus ouve até o último eco de nossa dor".

O amor de Jesus para com Celina não pode ser compreendido senão por Jesus! Jesus fez loucuras por Celina. Que Celina faça loucuras por Jesus. O amor só se paga com amor, e as Chagas de amor só se curam com amor.

(Carta 85)

35

O NOSSO CORAÇÃO É SÓ DE JESUS

Ah! Deixemo-nos dourar pelo Sol de seu amor... Este Sol é ardente... Consumamo-nos de amor! São Francisco de Sales diz: "Quando o fogo do amor está num coração, todos os móveis voam pela janela". Oh! Não deixemos nada, nada em nossos corações, a não ser Jesus!

(Carta 89)

36

CRIANÇA NOS BRAÇOS DO PAI

Jesus se compraz em me mostrar o único caminho que me conduz a esta Fornalha divina. Este caminho é o abandono da criancinha que adormece, sem temor, nos braços de seu Pai... "Se alguém por pequenino, venha a mim".

(Carta 196)

37
SÓ TEMOS UMA COISA A FAZER: AMAR!

Que todos os instantes de nossa vida sejam só para ele (...). Há somente uma coisa a fazer na noite, a única noite da vida que não virá senão uma vez: amar, amar a Jesus com toda a força de nosso coração e salvar-lhe almas para que seja mais amado... Oh! Fazer amar a Jesus!

(Carta 96)

38

A Ciência do Amor

Oh, minha Irmã querida! (...) Não penseis que nado em consolações. (...) Jesus instruiu-me em segredo, sem se mostrar, sem fazer ouvir sua voz. Ele o faz não por meio de livros, pois não compreendo o que leio, mas, às vezes, uma palavra como esta, colhida ao acaso, no fim da oração (após ter ficado em silêncio e na secura) vem consolar-me: "Eis o Mestre que te dou. Ele haverá de te ensinar tudo o que deves fazer. Quero fazer-te ler no livro da vida, onde está contida a ciência do Amor". A ciência do Amor... Ah! Sim, esta palavra ressoa docemente ao ouvido de minha alma. Não desejo senão esta ciência. Tendo deixado todas as minhas riquezas por ela, penso, como a esposa dos sagrados Cânticos, não ter dado nada. Compreendo muito bem que só o amor pode tornar-nos agradáveis a Deus e este amor é o único bem que ambiciono.

(Carta 196)

39
Dai-me a Humildade

Oh, Jesus! Quando éreis peregrinos sobre a terra, dissestes: "Aprendei de mim que sou manso e humilde de coração e encontrareis repouso para vossas almas". Oh, poderoso Monarca dos Céus. Sim, minha alma encontra repouso ao vos ver, revestido da forma e da natureza de escravo, rebaixado a ponto de lavar os pés de vossos Apóstolos. Lembro-me, então, dessas palavras que pronunciastes para me ensinar a praticar a humildade: "Deixo-vos o exemplo para que façais, também vós, aquilo que eu fiz. O discípulo não é maior que o Mestre... Se compreenderdes isto, sereis felizes em o praticardes". Eu compreendo, Senhor, estas palavras saídas de vosso Coração manso e humilde; quero praticá-las com o auxílio da vossa graça.

Mas, Senhor, a minha fraqueza vos é conhecida... Toda as manhãs tomo a resolução de praticar a humildade e, ao findar do dia, reconheço ter cometido muitas faltas de orgulho. Diante disso, sou tentada a desanimar, mas sei que o desânimo também é orgulho. Quero, então, oh, meu Deus, apoiar minha esperança somente em vós. Já que tudo podeis, dignai-vos fazer nascer em minha alma a virtude que desejo. Para obter essa graça de vossa infinita Misericórdia, vou repetir-vos muitas vezes: "Oh, Jesus, manso e humilde de coração, fazei meu coração semelhante ao vosso!".

(Oração 20)

40

MARIA NOS COBRE COM SEU MANTO

Desapeguemo-nos da terra, voemos para a montanha do amor onde se encontra o belo Lírio de nossas almas...

A Santíssima Virgem... Ah! Esconde-te bem à sombra do seu manto virginal a fim de que ela te virginize! A pureza é tão bela, tão branca! Bem-aventurados os puros de coração, porque verão a Deus! Sim, haverão de vê-lo e mesmo sobre a terra, onde nada é puro, mas onde todas as criaturas se tornam límpidas quando vistas através da Face do mais belo e mais branco dos Lírios!

(Carta 105)

41
O Coração é o Sacrário de Jesus

Façamos em nosso coração um pequeno tabernáculo onde Jesus possa se refugiar. Então, ficará consolado e se esquecerá daquilo que nós não podemos esquecer: "A ingratidão das almas que o abandonam num tabernáculo deserto...".

"Abre-te, minha irmã, minha esposa, minha Face está coberta de orvalho e meus cabelos estão úmidos pelas gotas da noite". Eis o que Jesus diz à alma quando está abandonado

e esquecido! (...), o esquecimento... Parece-me que é o que mais lhe causa pena...

(Carta 108)

42

A VIDA PASSA RÁPIDO

A vida passa tão depressa que, realmente, vale mais a pena possuir uma belíssima coroa com um pouco de dor do que ter uma coroa vulgar sem nenhuma dor. Quando penso que por um sofrimento suportado com alegria, amaremos melhor ao Bom Deus por toda a eternidade... Ademais, sofrendo, podemos salvar as almas. Ah! Paulina, se no momento de minha morte eu pudesse ter uma alma para oferecer a Jesus, oh, como seria feliz! Haveria uma alma arrancada do fogo do Inferno e que bendiria a Deus por toda a eternidade.

(Carta 43B)

43
A Bússola do Amor

Também não desejo o sofrimento ou a morte, e, contudo, amo os dois. Mas é só o amor que me atraía... Ambicionei-os por muito tempo; possuí o sofrimento e acreditei aportar às praias do Céu; pensei que a florzinha seria colhida em sua primavera... Agora, porém, é só o abandono que me guia; não tenho outra bússola! Nada mais sei pedir com ardor, exceto o cumprimento perfeito da vontade de Deus sobre minha alma, sem que as criaturas ponham obstáculos. Posso dizer estas palavras do Cântico Espiritual de Nosso Santo Padre João da Cruz: "Na interior adega do Amado meu, bebi; quando saía por toda aquela várzea já nada mais sabia, e o rebanho perdi que antes seguia... Minha alma se há votado, com meu cabedal todo, a seu serviço; já não guardo mais gado, nem mais tenho outro ofício que só amar é já meu exercício". Ou ainda: "Faz tal obra O AMOR depois que o conheci, que se há bem ou mal em mim, de tudo tira proveito, e à alma transforma em SI". Oh, minha querida Mãe! Quão doce é a via do amor! Sem dúvida, pode-se cair, pode-se cometer infidelidades, mas o amor, sabendo tirar proveito de tudo, consome bem depressa tudo o que pode desagradar a Jesus, deixando no fundo do coração apenas uma humilde e profunda paz.

(Manuscrito "A", 235)

44

VÍTIMA DE HOLOCAUSTO AO AMOR MISERICORDIOSO

Pensava nas almas que se oferecem como vítimas à justiça de Deus, a fim de desviar e atrair sobre si os castigos reservados aos culpados. Esse oferecimento parecia-me grande e generoso, mas estava longe de sentir-me inclinada a fazê-lo. "Oh, meu Deus! Exclamei do fundo do meu coração, só vossa justiça recebe almas que se imolam como vítimas? Vosso amor misericordioso não precisa também? Em todo lugar é desconhecido, rejeitado; os corações em quem quereis prodigalizá-lo inclinam-se para as criaturas pedindo a elas a felicidade com sua miserável afeição, em vez de lançar-se em vossos braços e aceitar vosso amor infinito. Oh, Meu Deus! Vosso amor desprezado vai ficar em vosso Coração? Parece-me que se encontrasse almas que se oferecessem como vítimas de holocausto ao vosso Amor, as consumireis rapidamente. Oh, meu Jesus! Que seja eu essa feliz vítima, consumais vosso holocausto pelo fogo do vosso divino Amor!

(Manuscrito "A", 83v)

45
OUTRAS VOCAÇÕES

Hoje, o sexto aniversário da nossa união... Ah! Perdoa-me, Jesus, se devaneio, querendo repetir meus desejos, minhas esperanças que tocam as raias do infinito. Perdoa-me, e cura minha alma, dando-lhe o que ela espera!!!

Ser tua esposa, ó Jesus; ser Carmelita; ser, por minha união contigo, mãe das almas, deveria ser bastante para mim... Não é assim... Sem dúvida, esses três privilégios formam minha vocação: Carmelita, esposa e mãe. Contudo, sinto em mim outras vocações. Sinto em mim a vocação de guerreiro, de Sacerdote, de

Apóstolo, de Doutor, de Mártir. Enfim, sinto a necessidade, o desejo de realizar por ti, Jesus, todas as obras, as mais heróicas...

(...) Oh, Jesus! Meu amor, minha vida! Como conciliar esses contrastes? Como realizar os desejos de minha pobre alminha?

(...) Oh, meu Jesus! O que vais responder a todas as minhas loucuras? Haverá uma alma menor, mais impotente que a minha?

(Manuscrito "B", 250-252)

46
Minha Vocação é o Amor

(...) *A caridade deu-me a chave de minha vocação. Compreendi que se a Igreja tem um Corpo, composto de diversos membros, o mais necessário, o mais nobre de todos não lhe falta. Compreendi que a Igreja tem um coração e que esse coração arde de amor. Compreendi que só o amor leva os membros da Igreja a agir; que, se o amor viesse a extinguir-se, os Apóstolos não anunciariam mais o Evangelho, os Mártires se negariam a derramar seu sangue... Compreendi que o amor abrangia todas as vocações, que o amor era tudo, que abrangia todos os tempos e todos os lugares... numa palavra, que ele é eterno!*

Então, na minha alegria delirante, exclamei: Oh, Jesus, meu Amor... Encontrei, enfim, minha vocação: minha vocação é o Amor!

Sim, encontrei meu lugar na Igreja, e esse lugar, meu Deus, fostes vós que o destes para mim... No coração da Igreja, minha Mãe, serei o amor... Assim serei tudo... Assim será realizado o meu sonho!!!

(Manuscrito "B" 254)

47
DEUS É MENDIGO DO NOSSO AMOR

Saibamos, pois, conservar prisioneiro a este Deus que se faz mendigo do nosso amor. Dizendo que um fio de cabelo pode operar este prodígio, mostra-nos que os menores atos feitos por amor cativam-lhe o coração.

Ah! Se fosse preciso fazer coisas grandiosas, como seríamos dignas de lástima... Mas, como somos felizes, dado que Jesus se deixa prender pelas menores coisas!

Não são os pequenos sacrifícios que te faltam, Leônia querida. Não é a tua vida feita deles? Alegro-me por te ver diante de um tal tesouro e, sobretudo, por pensar que sabes aproveitar dele, não apenas para ti, mas também para as almas. É tão doce ajudar Jesus com os nossos pequenos sacrifícios, ajudá-lo a salvar as almas que resgatou a preço de seu sangue e esperam apenas o nosso auxílio para não caírem no abismo...

(Carta 191)

48

JESUS ESCONDIDO

Há na Comunidade uma irmã que tem o dom de me desagradar em todas as coisas: as suas maneiras, as suas palavras, o seu caráter, pareciam-me muito desagradáveis. Apesar de tudo, é uma santa religiosa, que deve ser muito agradável a Deus; por isso, não querendo ceder à antipatia natural que sentia, disse comigo que a caridade não devia consistir em sentimentos, mas em obras. Então apliquei-me a fazer por essa Irmã o que faria pela pessoa que mais amo. Cada vez que a encontrava, rezava por ela a Deus, oferecendo-lhe todas as suas virtudes e os seus méritos. Estava certa de que isso agradava a Jesus, pois não há artista que não goste de receber louvores pelas suas obras. E Jesus, o Artista das almas, fica contente quando não nos detemos no exterior, mas, penetrando até o santuário íntimo que escolheu para sua morada, lhe admiramos a beleza. Não me contentava em rezar muito pela irmã que me proporcionava tantos combates; procurava prestar-lhe todos os serviços possíveis e, quando tinha a tentação de lhe responder de uma maneira desagradável, contentava-me em dar-lhe o meu sorriso, e procurava desviar a conversa, pois a Imitação de Cristo diz: "Vale mais deixar cada um com a sua opinião do que deter-se a discutir".

Muitas vezes também, quando não estava no recreio (quero dizer, durante as horas de trabalho), tendo alguns contatos de ofício com esta irmã, quando os meus combates eram muito violentos, fugia como um desertor. Como ela ignorava absolutamente o que eu sentia por ela, nunca suspeitou dos motivos da minha conduta, e continua persuadida de que o seu caráter me é agradável. Um dia, no recreio, disse-me mais ou menos estas palavras, com um ar muito contente: "Podereis dizer-me, minha Irmã Teresa do Menino Jesus, o que tanto vos atrai em mim? Cada vez que olhais para mim vejo-vos sorrir...". Ah! O que me atraía era Jesus escondido no fundo da sua alma... Jesus, que torna doce o que há de mais amargo. Respondi-lhe que sorria porque ficava contente de vê-la (claro que não acrescentei que era sob o ponto de vista espiritual).

(Manuscrito "C", 13v-14r)

49
AS ARMAS DA CONSAGRAÇÃO

1. *Revesti as armas do Todo-poderoso,*

   Sua divina mão dignou-se me adornar.

   Doravante, nada me assusta.

   De seu amor, quem pode me separar?

   Ao seu lado, lançando-me na arena,

   Não temerei nem o ferro, nem o fogo.

   Meus inimigos saberão que eu sou Rainha,

Que sou a esposa de um Deus!

Oh, meu Jesus! Guardarei a armadura

Com que me visto ante teus adorados olhos.

Até o entardecer da vida, minha mais bela veste

Serão meus santos votos!

2. *Oh, Pobreza, meu primeiro sacrifício!*

Até a morte, por toda parte, me seguirás,

Pois eu sei: para correr no estádio,

O atleta deve de tudo se despojar.

Provai, mundanos, o remorso e a pena,

Esses amargos frutos de vossa vaidade.

Quanto a mim, feliz, colho na arena,

    A palma da Pobreza.

Jesus disse: "É com violência

Que se conquista o reino dos Céus".

Pois bem! A Pobreza me servirá de lança,

    E de glorioso capacete.

3. *A Castidade me faz irmã dos Anjos,*

Desses espíritos puros e vitoriosos.

Espero um dia voar até as suas falanges,

Mas neste exílio, devo lutar como eles.

Hei de combater sem repouso e sem trégua

Pelo meu Esposo, o Senhor dos senhores.

A Castidade é o meu celeste gládio

Que pode lhe conquistar os corações.

    A Castidade é minha arma invencível;

Meus inimigos, por ela, serão derrotados.

Com ela eu me torno – oh, felicidade indizível! –,

    A esposa de Jesus!

4. O Anjo orgulhoso em meio da luz

Gritou: "Eu não obedecerei!"

E eu grito no meio da noite da terra:

"Quero sempre obedecer!"

Sinto em mim uma santa audácia nascer.

De todo o Inferno, desafio o furor.

A Obediência e minha forte couraça

    E o escudo do meu coração.

Deus dos exércitos, não quero outra glória

A não ser submeter em tudo minha vontade,

Pois o obediente cantará suas vitórias

    Por toda a eternidade.

5. *Se do guerreiro tenho as armas ponderosas,*

    Se o imito e luto com valentia,

    Como a Virgem de encantos graciosos,

    Também quero cantar, combatendo.

    Fazes vibrar as cordas de tua lira

    E esta lira, oh, Jesus, é meu coração!

Posso, então, das tuas misericórdias,

Cantar a força e a doçura.

Sorrindo, desafio o combate

E, nos teus braços, oh, meu divino Esposo,

Cantando hei de morrer, sobre o campo de batalha,

Com as armas na mão!

(Poesia 48)

50

Sou Imperfeita

Experimento uma alegria muito viva, não só quando me acham imperfeita, mas, sobretudo, ao senti-lo eu mesma. Isto supera todos os elogios, os quais me aborrecem.

(Caderno Amarelo, 2 de agosto, 6)

51
EVANGELHO: MEU ALIMENTO

É sobretudo o *Evangelho que me entretém durante o tempo da oração; nele encontro tudo o que é necessário à minha pobre alminha. Aí, descubro sempre novas luzes, sentidos ocultos e misteriosos.*

(Manuscrito "A", 83v)

52

O CARÁTER DE JESUS

Os Apóstolos, sem Nosso Senhor, trabalharam a noite inteira e não apanharam peixe, mas seu trabalho foi agradável a Jesus. Queria provar-lhes que só ele pode nos dar alguma coisa, queria que os Apóstolos se humilhassem (...). Talvez, se tivessem apanhado alguns peixinhos, Jesus não teria feito o milagre, mas, eles não tinham nada. Assim, Jesus encheu depressa sua rede de tal maneira a quase rompê-la. Eis aí o caráter de Jesus. Dá como Deus, mas quer a humildade de coração.

(Carta 161)

53

JESUS, PALAVRA DE DEUS

"Se alguém me ama, guardará minha palavra e meu Pai o amará e nós viremos a ele e nele faremos nossa morada". Guardar a palavra de Jesus: eis a única condição de nossa felicidade, a prova de nosso amor por Ele. Mas, então, o que é esta palavra? Parece-me que a palavra de Jesus é ele mesmo. Ele, Jesus, o Verbo, a Palavra de Deus! Sabemos, então, qual é a Palavra que devemos guardar.

(Carta 165)

54

CORRER PARA O ÚLTIMO LUGAR

Já que Jesus subiu ao Céu, não posso segui-lo senão através das pegadas que deixou, mas como são luminosas e embalsamadas estas pegadas! Basta lançar um olhar sobre o santo evangelho; logo respire os perfumes da vida de Jesus e sei para que lado correr... Não é para o primeiro lugar, mas para o último que me lanço.

(Manuscrito "C", 36v)

55

Meu Perfume

12. Viver de Amor é imitar Maria,

    Banhando com lágrimas e perfumes preciosos

    Os teus divinos pés, que beija embevecida,

    Enxugando-os com seus longos cabelos.

    Depois, levantando-se, quebra o vaso

    E embalsama tua doce Face, por sua vez.

    Quanto a mim, o perfume que derramo sobre tua Face

    É o meu Amor!

13. Viver de Amor, que estranha loucura! –

    Me diz o mundo – "Ah! Deixa de cantar!

    Não percas teus perfumes, tua vida;

    Aprende a usá-la utilmente!

    Te amar Jesus... Que perda fecunda!

    Todos os meus perfumes são teus para sempre.

    Quero cantar, saindo deste mundo,

        "Morro de Amor!"

(Poesia 17)

56
INFÂNCIA FELIZ

Oh, minha Mãe! Como eu era feliz nessa idade (4 anos)! Começava a gozar da vida, a virtude tinha encantos para mim e parece-me que eu estava nas mesmas disposições em que me acho agora, tendo já um grande domínio sobre minhas ações. Ah! Como passaram rapidamente os anos ensolarados de minha infância, mas que doce impressão deixaram em minha alma!

Oh! Verdadeiramente tudo me sorria sobre a terra; encontrava flores a cada passo e meu bom caráter contribuía também para tornar minha vida agradável.

(Manuscrito "A", 40-41)

57
Pais Dignos do Céu

O Bom Deus deu-me um Pai e uma Mãe mais dignos do Céu que da terra. Pediram ao Senhor que lhes desse muitos filhos e os tomasse para si. Este desejo foi atendido; quatro anjinhos voaram para o Céu e as cinco filhas que ficaram na arena tomaram a Jesus por Esposo.

(Carta 261)

58

REZAR PELOS SACERDOTES

Convivi, durante um mês, com muitos santos sacerdotes, e vi que se sua sublime dignidade os eleva acima dos Anjos, não deixam de ser homens, fracos e frágeis... Se santos sacerdotes, a quem Jesus chama em seu evangelho de "o sal da terra", mostram em sua conduta que têm extrema necessidade de orações, que dizer dos que são tíbios? Jesus não disse ainda: "Se o sal perder sua força, com que se há de salgar?".

Oh, minha Mãe! Como é bela a vocação que tem por fim conservar o sal destinado às almas! Esta vocação é a do Carmelo, pois o único fim de nossas orações e sacrifícios é o de sermos apóstolas dos apóstolos, rezando por eles, enquanto evangelizam as almas com suas palavras e, sobretudo, com seus exemplos.

(Manuscrito "A", 157)

59

PASSAR O CÉU NA TERRA

Sinto que vou entrar no repouso... Mas sinto, sobretudo, que minha missão vai começar, minha missão de fazer amar o Bom Deus como eu o amo, de dar a minha Pequena Via às almas. Se o Bom Deus atender aos meus desejos, meu Céu se passará sobre a terra até o final dos tempos. Sim, quero passar meu Céu fazendo o bem sobre a terra. Isto não é impossível, pois no próprio seio da visão beatífica, os Anjos velam sobre nós.

Não posso fazer do Céu uma festa de regozijo, não posso repousar enquanto houver almas a serem salvas.

(Últimos Colóquios, 17 de julho)

60
PINCEL DE JESUS

Se a tela pintada por um artista pudesse pensar e falar, certamente não se queixaria de ser continuamente tocada e retocada por um pincel, e tão pouco invejaria a sorte deste instrumento, pois saberia que não é ao pincel, mas ao artista que o dirige, que deve a beleza de que está revestida. O pincel, por sua vez, não poderia gloriar-se da obra-prima feita por ele. Sabe que os artistas não se embaraçam, nem fazem caso das dificuldades e que, às vezes, se comprazem em escolher instrumentos fracos e defeituosos.

Minha querida Madre, sou um pincelzinho que Jesus escolheu para pintar sua imagem nas almas que me confiastes. Um artista não se serve só de um pincel; precisa, ao menos, de dois. O primeiro é o mais útil; é com ele que dá os tons gerais, que, em pouco tempo, cobre completamente a tela. O outro, menor, lhe serve para os detalhes.

(Manuscrito "C", 305)

61
Sua Misericórdia fez Tudo

A flor que vai contar sua história, alegra-se em publicar as liberalidades inteiramente gratuitas de Jesus; reconhece que nada há em si capaz de atrair os olhares divinos e que somente a Misericórdia fez o bem que nela há.

(Manuscrito "A", 11)

62

ESCADA DA SANTIDADE

"Você me faz pensar em uma criança bem pequena que começa a se colocar de pé, mas que não sabe ainda andar, e que quer, ir até à sua mãe que se encontra no alto da escada. Essa criancinha levanta o pezinho para subir o primeiro degrau. Esforço inútil! Caí sempre, sem conseguir subir. Pois bem, consenti em ser como esta criança pequena: Pela prática de todas as virtudes, levantai sempre o vosso pezinho para subir a escada da santidade. Não chegarás nem ao menos a subir o primeiro degrau; Mas o Bom Deus não

pede outra coisa de ti, que a boa vontade. Do alto da escada, Ele te olha com amor. E logo, vencido por teus esforços inúteis, Ele descerá a escada, e te prenderá nos braços, conduzindo-te para sempre no seu Reino, onde não te deixará mais. Mas se tu deixas de levantar sempre o teu pezinho, Ele te deixará ainda muito tempo sobre a terra".

(Soeur Marie de la Trinité)

Novena à Santa Teresinha

**Em nome do Pai e do Filho e
do Espírito Santo. Amém.**

Santíssima Trindade, Pai e Filho e Espírito Santo, eu Vos agradeço todos os favores, todas as graças com que enriquecestes a alma de vossa serva Teresa do Menino Jesus durante os 24 anos que passou na Terra. Pelos méritos de tão querida santinha, concedei-me a graça que ardentemente vos peço: **(fazer o pedido)**, se for conforme a Vossa Santíssima vontade e para salvação de minha alma.

Ajudai minha fé e minha esperança, ó Santa Teresinha, cumprindo, mais uma vez, sua promessa de que ninguém vos invocaria em vão, fazendo-me ganhar uma rosa, sinal de que alcançarei a graça pedida.

Reza-se, em seguida, 24 vezes: **Glória ao Pai, ao Filho e ao Espírito Santo, como era no princípio agora e sempre. Amém!**

Acrescentando: Santa Teresinha do Menino Jesus e da Santa Face, rogai por nós!

Ao final, reza-se **um *Pai-Nosso* e uma *Ave-Maria*.**

Conclusão

Com Santa Teresinha chegamos ao fim do nosso caminho, com 62 pensamentos recolhidos dos seus escritos. Uma ceifa abundante, para que possamos meditar e, com a intercessão da Santa das Rosas, podermos vivenciar melhor a Palavra de Deus.

O Papa Bento XVI, certa vez, disse: *"Os melhores exegetas são os Santos, porque souberam encarnar a Palavra de Deus"*. Muitos deles não têm um conhecimento intelectual de ciências bíblicas, mas isso não impede que o Espírito Santo ilumine a todos, para tornar realidade a Palavra de Deus.

O Espírito Santo é o mestre que nos conduz e que nos ajuda a não "estourarmos a cabeça", quando descobrimos coisas difíceis na Palavra de Deus. É claro que a ciência bíblica é importante; inclusive, Santa Teresinha escreveu que *"gostaria de conhecer a língua grega, para poder entender melhor o evangelho na língua de Jesus"*. Ela não sabia que Jesus tinha anunciado o evangelho em aramaico, mas isto não diminuiu em nada o valor que ela dava para o conhecimento intelectual da Palavra de Deus.

Hoje pode ser que cometamos um grande erro: pensarmos que o conhecimento intelectual seja suficiente, e acabamos por esquecer que o importante é **vivenciar** a palavra de Deus!

Neste nosso caminho com Santa Teresinha tivemos a preocupação de escolher textos que não necessitam de comentários, porque são claros, já falam por si. Palavras simples que chegam diretamente ao nosso coração, textos escolhidos da *História de uma Alma*, das *Cartas*, *Poesias* e *Orações* que ela mesma compôs.

Teresinha, que escolheu o Carmelo para ficar escondida, amar a Deus e torná-lo amado por meio da oração e pelos sacrifícios, entre todos, é a Santa mais amada, por ter ensinado o caminho da infância espiritual. Este, é um caminho breve, reto e novo, que todos nós podemos colocar em prática, porque não exige obras grandiosas, penitências extraordinárias, mas, sim, muito amor.

Todos, sem distinção, sabemos amar; cabe agora nos deixarmos amar por Deus, sabermos colocar no centro da nossa vida não o nosso bem-estar, não a nossa glória, mas, sim, a glória de Deus e o bem-estar dos nossos irmãos e irmãs.

Teresinha diz a si mesma e a nós: *"Não quero ser Santa pela metade!"*. Jesus nunca fez um milagre pela metade, da mesma forma, nós não podemos fazer o bem pela metade, amar a Deus pela metade, mas, com todo o coração, mente e obras, por completo!

Em 2023 celebramos 150 anos do nascimento de Santa Teresinha: *"2 de janeiro de 1873... 2023"*; em 2025, celebraremos os 100 anos da sua canonização. Este pequeno livro quer ajudar você e a tantas outras pessoas a conhecer mais Santa Teresinha e a tê-la como padroeira em nossa vida cotidiana. Não esqueçamos do que ela nos diz:

> "Meu Deus, tenho somente
> hoje para amar-vos!".

Mas amar a Deus sozinho é egoísmo, devemos amá-lo juntos: *"Quero amar-vos e que todos vos amem!"*.

Teresinha nos convida a, na Igreja, sermos o amor, e, assim, seremos tudo!

BIBLIOGRAFIA

SOEUR MARIE DE LA TRINITÉ. **Une novice de Sainte Thérèse, souvenirs et témoignages présentés par Pe. Descouvemont.** Cerf, Paris: 1993. p. 111

TERESA DO MENINO JESUS, SANTA 1873-1897. **Obras completas / Santa Teresa do Menino Jesus e da Santa Face;** Trad. Paulus Editora com a colaboração das monjas do Carmelo do Imaculado Coração de Maria e Santa Teresinha. São Paulo: Paulus, 2018. – Coleção Clássicos do Cristianismo.

TERESINHA DO MENINO JESUS, SANTA. **História de uma Alma.** São Paulo: Loyola, 1996.

OUTROS TÍTULOS DE
FREI PATRÍCIO SCIADINI, OCD
SANTOS LUÍS E ZÉLIA MARTIN
PAIS SANTOS GERANDO SANTOS

Frei Patrício Sciadini nos conduz a uma experiência com São Luís e Santa Zélia Martin, pais de Santa Teresinha. O Título *Pais santos gerando santos* pode parecer estranho, mas, na realidade, mostra o que este casal fez durante a sua vida. O livro nos leva a uma leitura atenta da Exortação Apostólica *Amoris Laetitia*, do Papa Francisco, e a sentir-nos impulsionados a recuperar certos valores que, infelizmente, na cultura atual do "usa e joga fora", do "descartável", não são mais consideradas importantes.

ISBN: 9786589083238
Dimensões: 18 cm x 12 cm x 2,0 cm
Número de Páginas: 342

O EVANGELHO DE SANTA TERESINHA

Muitas pessoas reencontraram a própria identidade, a alegria e o amor à vida, lendo algum livro de Santa Teresinha. Que este livro ajude também a você, para que seja um semeador de esperança e alegria, do amor misericordioso de Jesus, através da oração, por um caminho reto, curto e novo, pela "Pequena Via", com Santa Teresinha do Menino Jesus e da Santa Face.

ISBN: 9786599142581
Dimensões: 21 cm x 12 cm x 2,0 cm
Número de Páginas: 152

CAMINHANDO COM SÃO JOSÉ

Nesta obra, Frei Patrício Sciadini aprofunda a reflexão do Papa Francisco, na Carta Apostólica *Patris corde – Com o coração de Pai* e a enriquece ainda mais com documentos de outros Papas, como o Beato Pio IX, o Venerável Pio XII, o grande Leão XIII, São João XXIII e São João Paulo II, trazendo suas falas, pastoralmente, para o nosso cotidiano, tão necessitado desta atenção paternal. Caminhe com São José, por meio das meditações e orações, e isso o levará a uma intimidade maior com o Pai Nutrício de Jesus.

ISBN: 9786589083016
Dimensões: 21 cm x 12 cm x 1,0 cm
Número de Páginas: 152

www.**loyola**.com.br   **vendas**@loyola.com.br

OUTROS TÍTULOS RELACIONADOS

CATECISMO DA ORAÇÃO
Novos caminhos inspirados pela Gaudete Et Exsultate

Como se inspirar pela oração? Como encontrar tempo suficiente para dedicar-se à prece cotidiana, ao encontro diário com o Senhor? Este livro oferece um passo a passo para que o leitor possa desenvolver sua vida espiritual. Suas páginas, por meio de um diálogo amoroso com aquele que nos amou primeiro e que nos quer felizes, procuram mostrar ao coração inquieto o caminho para o equilíbrio e a alegria perdida.

ISBN: 9788515014057
Número de Páginas: 248
Autor: Frei Patrício Sciadini, OCD

SANTOS LUÍS E ZÉLIA MARTIN
Pais de Santa Teresinha

A Igreja presenteou o mundo com dois novos modelos de santidade a serem seguidos: os pais de Teresa de Lisieux, que agora fazem oficialmente parte da inumerável família dos santos. Espelho de caridade e de afeição indefectível a Deus, a correspondência de Zélia e Luís Martin tornou-se um tesouro precioso. Este livro traz as 218 cartas endereçadas por Zélia à sua família, domiciliada em Alençon, e as 16 cartas de Luís Martin.

ISBN: 9788515046003
Número de Páginas: 352
Tradução: Frei José Gregório, OCD

OBRAS COMPLETAS DE SANTA TERESINHA DO MENINO JESUS
Teresa de Lisieux

Esta obra única e incomparável, reúne todos os textos escritos por Santa Teresinha, a santa mais conhecida em todo o mundo. Neste livro o leitor tem acesso direto aos seus textos que foram enriquecidos com várias introduções e notas. Além disso, à margem de cada escrito foram distribuídas referências bíblicas que ajudam o aprofundamento da leitura. O contato com os escritos teresianos no contexto social e eclesial de nosso tempo pode ajudar os cristãos a centrar-se no essencial da mensagem evangélica: abertura confiante a Deus Pai, seguimento de Jesus, nosso irmão e docilidade ao Espírito Santo.

ISBN: 9788515013999 - Número de Páginas: 1400
Autora: Teresa de Lisieux

EXCLUSIVO PARA VENDAS:
113385.8585

Edições Loyola
Jesuítas

TELEVENDAS:
113385.8500

ANGELVS
EDITORA

www.angeluseditora.com

Este livro foi impresso pela

Gráfica Loyola,
Na Memória de
São Pio de Pietrelcina